10 Décembre 1890

Vente des Mercredi 10 et Jeudi 11 Décembre 1890

HOTEL DROUOT, SALLE N° 3

SUCCESSION

DE

M. BAUR

EXPOSITION PUBLIQUE

LE MARDI 9 DÉCEMBRE 1890

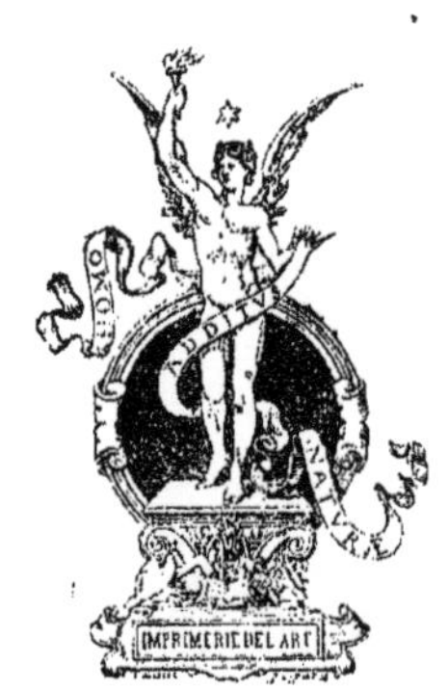
IMPRIMERIE DE L'ART

CATALOGUE

DES

TABLEAUX ANCIENS

DES DIVERSES ÉCOLES

Peintures des xve et xvie siècles — Portraits historiques
Toiles décoratives — Quelques tableaux modernes
Les Amateurs de musique, par FORTUNY
Dessins — Gravures — Albums — Livres

SCULPTURES EN MARBRE

Six bustes de souverains d'Espagne, xvie siècle
Buste de Voltaire
Vases en granit — Terres cuites — Bois sculptés — Bronzes

SOUVENIRS HISTORIQUES

Vêtements et objets ayant appartenu à Voltaire — Curiosités diverses

Beaux Costumes du XVIIIe siècle

EN VELOURS ET EN SOIE BRODÉS

Armes — Instruments de musique — Boîtes — Tabatières
Miniatures — Gouaches — Objets de vitrine
Faïences — Grand Plat de Palissy — Commodes Louis XVI, etc., etc.

Le tout dépendant de la succession de M. BAUR

ET DONT LA VENTE AURA LIEU

HOTEL DROUOT, SALLE N° 3

Les Mercredi 10 et Jeudi 11 Décembre 1890

à 2 heures

COMMISSAIRES-PRISEURS

Me PAUL CHEVALLIER	**Me G. DUCHESNE**
10, rue de la Grange-Batelière, 10	*Successeur de Me ESCRIBE*
PARIS	6, rue de Hanovre, 6

EXPERTS

M. CHARLES MANNHEIM	**M. EUG. FÉRAL**
7, rue Saint-Georges, 7	54, Faubourg-Montmartre, 54

EXPOSITION PUBLIQUE

Le Mardi 9 Décembre 1890, de 1 heure à 5 heures 1/2

CONDITIONS DE LA VENTE

Elle sera faite au comptant.

Les acquéreurs payeront, en sus des adjudications, *cinq pour cent* applicables aux frais.

L'Exposition mettant le public à même de se rendre compte de l'état des objets, il ne sera admis aucune réclamation une fois l'adjudication prononcée.

Paris. — Imp. de l'Art, E. MÉNARD ET Cie, 41, rue de la Victoire.

BAUR

(TOUSSAINT-JOSEPH)

LES *amateurs qui fréquentent les salles de l'Hôtel Drouot se rappellent encore, bien qu'il soit disparu depuis plusieurs années, le type sympathique de Baur, l'un des marchands de la première heure, comme Couvreur et Beurdeley, qui contribua à donner une grande extension au commerce de la curiosité. Rien n'avait préparé Baur au métier de la curiosité, toujours difficile et plein de surprises. Né à Nancy en 1816, il était venu à Paris en 1830, où il avait pris, dans divers ateliers, des notions pratiques qui devaient lui être, plus tard, d'un grand secours. Puis, il fut atteint par le service militaire, et, quand il fut libéré, il suivit sa vocation irrésistible, en ouvrant un magasin d'objets d'art, d'abord rue Jacob et rue des Saints-Pères, puis rue d'Antin où il séjourna longtemps et, enfin, rue Monthabor. C'était l'époque des trouvailles heureuses, celle où les beaux objets affluaient et venaient solliciter les amateurs. Par son activité intelligente et par sa droiture en affaires, Baur s'était acquis la confiance des clients, qui le tenaient en grande estime. A plusieurs reprises, il fut chargé de négocier d'importantes acquisitions pour les membres de la famille de Rothschild, en même temps qu'il servait d'intermédiaire à l'administration du Musée de Cluny et, plus tard, à celle du Musée Municipal pour les achats qu'elles voulaient faire dans les ventes publiques, Vers la fin de sa vie, Baur s'était retiré du commerce actif pour se livrer presque entièrement à la formation de collections spéciales qui intéressaient son esprit toujours ardent et curieux, malgré les années. Il s'éteignit inopinément, en 1885, des suites d'un refroidissement qu'il avait contracté en portant leur pain quotidien aux oiseaux des Tuileries, ses pensionnaires habituels.*

Des difficultés judiciaires se sont opposées à ce que les objets qu'il laissait fussent mis en vente avant le moment présent. Cette collection ne représente qu'une faible partie des objets qui lui sont passés dans les mains, ou qui lui ont appartenu. Ce sont seulement ceux qu'il s'était réservés lors de la cessation de son commerce, ou qu'il avait achetés depuis ses dernières années. On y trouvera nombre de pièces intéressantes, notamment une suite de costumes dont Baur n'avait jamais voulu se séparer et qui ont été vus au Palais de l'Industrie, à l'exposition de l'Histoire du Costume, organisée par la Société de l'Union centrale. Baur laissait également une collection sans rivale de tableaux, de dessins et de vues de Paris, qu'il avait formée à grands frais après 1870, pour remplacer celle qu'il avait aidé la Préfecture de la Seine à rassembler et qui avait été détruite dans l'incendie de l'Hôtel de Ville. Nous sommes heureux d'annoncer que cette suite si précieuse pour l'histoire de Paris, et qui a été également exposée en 1876 au Palais de l'Industrie, ne sera pas dispersée. Nous sommes fondés à espérer la voir prochainement à l'hôtel Carnavalet, exposée dans une pièce qui portera le nom de Baur.

A. DE CHAMPEAUX.

Désignation des Objets

TABLEAUX ANCIENS

ARELLANO

(École de)

1 — *Bouquets de fleurs variées.*

Deux peintures décoratives, formant pendants.

ARTOIS

(J. VAN)

2 — *Paysage et figures.*

BAR

(BONAVENTURE DE)

3 — *Les Baigneuses.*

Sept jeunes femmes en costume Watteau se livrent aux divertissements du bain dans une pièce d'eau décorée d'une fontaine monumentale.

Toile · Haut., 52 cent.; larg., 62 cent.

BEGYN

(ABRAHAM)

4 — *Bestiaux à l'abreuvoir.*

BERCHEM

(D'après)

5 — *Le Passage du gué.*

Cadre en ébène.

BEZARD

1802 (Signé)

6 — *Extérieur de ville.*

Avec figures et animaux au premier plan.

BLOEMEN

(PIETER VAN)

7-8. — *Animaux à l'abreuvoir et bestiaux au repos.*

Deux tableaux en pendants, provenant de la collection de M. De Laloge, vendue à Dijon en 1872; n°s 11 et 12 du catalogue dans lequel ils sont inscrits comme étant de Berghem. Beaux cadres anciens en bois sculpté et doré.

Toile. Haut., 42 cent.; larg., 55 cent.

BOUCHER

(FRANÇOIS)

9 — *Le Pont rustique.*

Site riant, baigné par une rivière dont les deux rives reliées par une passerelle de bois sont bordées de constructions en ruines et de cabanes, entremêlées de grands arbres. Un petit garçon tenant une ligne, un pêcheur avec sa femme et ses enfants dans une barque animent les premiers plans.

Charmante composition gravée par Saint-Non en 1771.

Toile. Haut , 80 cent.; larg., 1 m. 33 cent.

BREECKELINCAMP

(QUIRINUS VAN)

10 — *Scène d'intérieur.*

Un peintre, l'auteur sans doute, est assis auprès d'une cheminée et bourre sa pipe; sa palette est déposée sur une chaise de paille. Sa femme, en corsage rouge, donne la bouillie à une petite fille qu'elle tient sur les genoux. Une fillette d'une dizaine d'années vient de prendre une autre enfant dans son berceau et lui sourit. Par la porte entr'ouverte on aperçoit l'atelier de l'artiste.

Signé des initiales.

Bois. Haut., 46 cent.; larg., 62 cent.

BREYDEL

(Le Chevalier

11 — *Combats de cavalerie.*

Deux pendants ; cadres sculptés.

BREYDEL

(FRANÇOIS)

12 — *Campement de troupes dans une ville des Flandres.*

BRONZINO

(École de)

13 — *Portrait présumé de Cosme de Médicis.*

A mi-corps, en armure et tenant son casque.

CHARDIN

(Attribué à)

14 — *Nature morte.*

Pâté entamé, bassine de cuivre, verre et bouteille sur une table de cuisine.

Signé et daté.

Toile. Haut., 71 cent.; larg., 90 cent.

CHARDIN

(Genre de)

15 — *Les Liseuses.*

Deux pendants.

CHARDIN

(D'après)

16 — *La Réprimande.*

COELLO

(Attribué à SANCHEZ)

17 — *Portrait de l'Infante Isabelle, femme de l'archiduc Albert, gouverneur des Pays-Bas.*

Représentée à mi-corps, de grandeur naturelle, tenant à la main un médaillon, portrait de son époux, elle porte un somptueux costume de brocart d'or et d'argent enrichi de pierreries et de perles. Le visage tourné de trois quarts est encadré d'une fraise de guipure. La coiffure très haute est ornée de perles et d'une aigrette en plumes blanches.

Intéressant portrait du temps.

Toile. Haut., 88 cent.; larg., 70 cent.

COLSON

(JEAN)

Né à Dijon en 1733, mort en 1813.

18 — *Jeune Femme endormie.*

CONINXLOO
(GILLES VAN)

19 — *La Sainte Famille.*

Drapée dans un manteau brun, brodé d'or et de perles, ses cheveux blonds ondulant sur les épaules, la Vierge présente des fleurs à l'Enfant Jésus assis sur un coussin vert et ayant au cou un chapelet qui retombe et s'enroule autour des deux bras. A gauche, saint Joseph, vêtu de rouge, tenant des besicles, pose les mains sur un missel ouvert sur un prie-Dieu. Fond de paysage, avec château fort et ville dans l'éloignement.

Bois. Haut., 51 cent.; larg., 38 cent.

CRANACH
(LUCAS)

20 — *Portrait de Luther.*

Représenté à mi-corps, grandeur nature, la tête de trois quarts vers la droite, vêtu d'un costume de couleur sombre et tenant un livre des deux mains. Dans le fond à gauche, la date 1546 et le dragon ailé de l'artiste. En bas, l'inscription : *Martinus Lutherus natus anno 1483, obiit anno 1546.*

Intéressant portrait.

Bois. Haut., 85 cent.; larg., 65 cent.

CRIVELLI
(JACOPO

21 — *Combat de coqs.*

22 — *Chat dans un poulailler.*

DAVID ?
(LOUIS)

23 — *Portrait de David.*

De face, en buste, habit gris à pèlerine, gilet jaune rayé, chemise à jabot.

DOW
(D'après GÉRARD)

24 — *La Dentellière.*

Dans une pièce décorée de tableaux, une dame hollandaise, vêtue de satin ponceau, est assise, les deux pieds sur une chaufferette, son ouvrage sur les genoux. A la croisée apparaît une marchande de volaille qui lui offre un poulet.

DURREN
(OLIVIER VAN)

25 — *Portrait de femme.*

Dame hollandaise, en costume noir et coiffe blanche, ramenant une écharpe sur la poitrine.

Petit portrait finement peint, signé et daté 1686.

Bois. Haut., 18 cent.; larg., 15 cent.

DYCK

(École de VAN)

26 — *La Vierge et l'Enfant Jésus.*

EKELS

(J.)

27 — *La Partie de musique.*

Dans une pièce décorée de tableaux, trois personnes, en costume du temps de la Révolution, font de la musique autour d'un guéridon recouvert d'un tapis; deux hommes, l'un assis jouant de la flûte, l'autre debout jouant du violon, et une jeune dame qui chante, tenant une partition de la main droite et marquant la mesure de la gauche; elle porte une ravissante toilette de satin blanc et jaune avec fichu de gaze.

Cette agréable composition, d'un pinceau très soigné, porte la signature de l'artiste : J. EKELS. f. a. 1793.

Toile. Haut., 57 cent.; larg., 52 cent.

FALENS

(Attribué à CARLE VAN)

28 — *La Chasse au cerf.*

Peinture sur bois.

Haut., 28 cent.; larg., 34 cent.

FINART

29 — *Plusieurs études d'animaux sur la même toile : Chevaux, moutons, vaches.*

FRANCK ET BREUGHEL

30 — *Le Cabinet d'un amateur.*

C'est une vaste pièce dont les murs tendus de cuir gaufré et doré sont décorés de nombreux tableaux. A gauche, auprès d'un bahut, s'avancent deux personnages, dont l'un richement vêtu, vraisemblablement le possesseur de la galerie, tient un album de dessins. Au milieu, sur une table recouverte d'un tapis rouge, se voient un tableau, une sculpture, un vase de fleurs et un perroquet. Sur une tablette, dans le haut de la pièce, sont rangées des faïences de Delft. A droite, une draperie relevée laisse voir une scène allégorique à l'ignorance, où des hommes à têtes d'ânes brisent des objets d'art à coups de marteau pendant la nuit.

Composition fort intéressante pour les nombreux détails peints avec goût et avec légèreté ; on y compte une vingtaine de tableaux, sujets d'histoire, portraits, paysages, d'un rendu et d'un effet saisissants.

Bois. Haut., 68 cent.; larg., 1 m. 12 cent.

FYT

(Attribué à JOHANNES)

31 — *Gibier.*

Chat sauvage, lièvre, perdrix et divers oiseaux morts.

GÉRICAULT

(Attribué à)

32 — *Trois Chevaux vus de croupe.*

Esquisse.

GÉRICAULT

(Manière de)

33 à 35 — *Trois portraits équestres*

Cuirassier, hussard et lancier.

GREUZE

(Attribué à)

36 — *Tête de vieillard.*

Étude.

HAAG

(THETART-PHILIPPE C.)

37 — *Portrait équestre d'un écuyer du temps de Louis XV.*

En habit rouge, il monte un cheval blanc à l'entrée d'un manège.
Signé à gauche.

Bois. Haut., 34 cent.; larg., 42 cent.

HEEM

(Attribué à de)

38 — *Fruits.*

Une guirlande composée de raisins, d'oranges, de pêches, etc., sert d'encadrement à un médaillon où est représenté le portrait d'une dame hollandaise.

HUET

(JEAN-BAPTISTE)

39 à 42 — Quatre panneaux décoratifs :

Les Amants surpris ; la Leçon de flûte ; la Pêche ; la Bergère.

Suite de quatre pastorales, agréablement composées, de mêmes dimensions, et formant une charmante décoration.

IMOLA

(INNOCENZO DA)

43 — *La Nativité.*

La Vierge, vue de face, en robe rouge et manteau gris enrichi de broderies d'or, est agenouillée devant l'Enfant Jésus couché par terre et soutenu par le petit saint-Jean-Baptiste. A droite, un donateur, qui passe pour être Côme Ier de Médicis, est représenté de profil, en adoration les mains jointes.

A gauche, sainte Anne et saint Joseph. Au second plan, un palais; dans l'éloignement, une campagne montagneuse avec l'ange annonçant aux bergers la venue du Sauveur.

Œuvre remarquable, d'un style élevé et d'une grâce toute raphaëlesque.

Bois. Haut., 1 mètre ; larg., 95 cent.

JARDIN

(Manière de KAREL DU)

44 — *La Fileuse.*

LAGRÉNÉE

(L. J. F.)

45 — *Portrait d'un archéologue; époque Louis XVI.*

En buste, de trois quarts tourné vers la droite; cheveux poudrés à blanc, il porte un gilet rose que dépasse le jabot bouillonné de la chemise et un habit vert à collet rose; sa main gauche s'appuie sur un sphinx de pierre, allusion à quelque voyage en Égypte.

Beau portrait, agréable de facture et de coloration.

Toile. Haut., 60 cent.; larg., 48 cent.

LAJOUE

46 — *Les Beaux-Arts et les Sciences.*

Trois dessus de portes.

LANFRANC

(JEAN)

47 — *L'Apothéose d'Hercule.*

Cette composition est placée dans un bel encadrement formé de figures allégoriques, de divinités de la Fable, d'amours, de guirlandes de fleurs et de fruits. Elle semble avoir été conçue pour être reproduite en tapisserie.

LARGILLIÈRE

48 — *Portrait présumé de Mme la vicomtesse de Lamoignon.*

Représentée avec les attributs de sainte Catherine.

LARGILLIÈRE

(École de)

49 — *Portrait de M. Bureau, échevin de Rennes, syndic de la ville et lieutenant général de police.*

A mi-corps, grandeur nature, tenant ses gants, vêtu d'une robe noire sur laquelle se détache le rabat. Il porte une longue perruque poudrée.

Toile. Haut., 98 cent., larg , 78 cent.

LELY

(VANDER FAES, dit le chevalier)

50 — *Jacques II d'Angleterre.*

Représenté de trois quarts, en pied, revêtu du costume de cour, il est debout, devant un rideau drapé auprès duquel se voient une cuirasse, une ancre et plus loin un vaisseau en rade, rappelant son titre de grand amiral. Agréable portrait d'une grande finesse.

Bois. Haut., 55 cent.; larg., 40 cent.

LEPICIÉ

(Attribué à)

51 — *Portrait de jeune homme.*

LOO

(VAN)

52 — *Portrait d'un officier.*

Presque de face, à mi-corps, en habit de velours bleu garni de fourrure et passé par-dessus la cuirasse. Une décoration à la boutonnière.

Cadre en bois sculpté.

Toile. Haut., 92 cent.; larg., 72 cent.

MEEL

(JAN)

53 — *Halte de mendiants.*

METSYS

(Attribué à QUENTIN)

54 — *Tête de moine.*

Moine représenté de face, en buste, et tenant des deux mains un feuillet de manuscrit.

Bois.

MOOR

(KARL DE)

55 — *La Dame à la cage.*

Une jeune femme, coquettement vêtue, pose une cage ouverte sur une table recouverte d'un tapis d'Orient; une suivante, qui soulève un rideau, tient une perruche sur la main. Un négrillon, en robe rouge, porte des bouquets.

Peinture sur cuivre, cintrée par le haut.

Haut., 34 cent.; larg., 25 cent.

MOREAU

(Attribué à)

56 — *Héloïse à la grille du parc.*

MORO OU MOOR

(Attribué à ANTON)

57 — *Portrait d'un gentilhomme.*

Debout à mi-corps, une main sur la hanche, l'autre à la garde de l'épée; il porte un costume noir et est coiffé d'une toque. A droite, ses armoirie et la date 1535.

Bois. Haut., 77 cent.; larg., 59 cent.

OSTADE

(Genre de A. VAN)

58 — *Le Rémouleur.*

RAPHAEL

(D'après)

59 — *Saint Michel, vainqueur du démon.*

Belle et ancienne copie, d'après le célèbre tableau du Musée du Louvre.

RIGAULT

(École de H.)

60 — *Portrait d'un conseiller d'État.*

A mi-jambe, de grandeur naturelle, la main gauche posée sur le coin d'une console, tenant de la main droite un pli adressé au Roi.

RUBENS

(École de P. P.)

61 — *L'Assomption de la Vierge.*

La Vierge s'élève dans les cieux, portée sur une nue, dans une gloire d'anges et de chérubins. Les douze apôtres et deux saintes femmes entourent le tombeau.

Toile. Haut., 1 m. 70 cent.; larg., 1 m. 25 cent.

RUBENS

(École de)

62 — *Hercule et Antée.*

SEYFERT

63 — *Vue de Metz; commencement du XIXe siècle.*

SICARDI

64 — *Portrait de Louis XVI.*

De trois quarts, à mi-corps, habit bleu brodé d'or et d'argent, la croix du Saint-Esprit sur la poitrine.

Toile ovale. Haut., 40 cent.; larg., 31 cent.

TAUNAY

65 — *Une Bataille en Égypte.*

TENIERS

(École de)

66 — *Deux petits tableaux.*

L'un représentant deux buveurs flamands, l'autre un villageois lisant un livre de comptes.

TITIEN

(D'après)

67 — *Portrait de François Ier.*

A mi-corps, de profil à droite; pourpoint rose tailladé, manteau de fourrure; coiffé d'une toque noire à plumes blanches.

Haut., 1 m. 10 cent.; larg., 99 cent.

VELASQUEZ

(École de)

68 — *Portrait de femme; XVIIe siècle.*

WAEL

(CORNILLE DE)

69 — *L'Assaut d'une citadelle dans les Flandres commencement du XVIIe siècle.*

WATTEAU

(École de)

70-71 — *Réunions galantes.*

Deux jolies compositions formant pendants, peintes dans le goût de Pater et comprenant chacune une dizaine de figures.

Toile. Haut., 45 cent.; larg., 54 cent.

ECOLE ANGLAISE

72 — *Campagne d'une vaste étendue.*

Ce paysage a été attribué à Richard Wilson.

ECOLE ANGLAISE

73 — *Paysage boisé.*

ECOLE ALLEMANDE

(XVIIIe siècle)

74 — *Portrait d'homme.*

Noble personnage représenté en pied, au bord de la mer, revêtu d'un costume à la polonaise : habit bleu et manteau rouge couverts de broderies, bas de soie, toque de fourrure avec aigrette. Il indique de la main une flotte, en rade.

Cadre en chêne sculpté.

Toile. Haut., 92 cent.; larg., 73 cent.

ECOLE ESPAGNOLE

(XVIe siècle)

75 — *Le Repos de la Sainte Famille.*

Grand tableau d'église peint sur panneau et fixé dans un cadre Louis XVI, en bois sculpté.

ECOLE ESPAGNOLE

76 — *Portrait de Philippe Ier, roi d'Espagne.*

Surnommé le Bel, né en 1478, fils de Maximilien Ier, archiduc d'Autriche, depuis empereur, et de Marie de Bourgogne. Mort à Burgos le 25 septembre 1506.

77 — *Portrait de Jeanne d'Espagne.*

Dite Jeanne la Folle, née en 1482, mariée en 1496 à Philippe, archiduc d'Autriche, dont elle eut l'empereur Charles-Quint.

ECOLE ESPAGNOLE

78 — *Portrait de Charles IV, roi d'Espagne.*

ECOLE FRANÇAISE

(XVIe siècle)

79 — *Portrait de « Demoiselle Denise Fournier, femme de Nicolas Dupré, conseiller du Roy et maïstre des comptes. »*

En buste, de trois quarts, coiffe noire, robe rouge.

ECOLE FRANÇAISE

80 — *Henri IV au siège d'une ville.*

ECOLE FRANÇAISE

81 — *Portrait en buste du cardinal de Richelieu.*

Médaillon ovale.

ECOLE FRANÇAISE

82 — *Portrait de Jean-Léon de Bourgneuf, trésorier de France à Orléans.*

ECOLE FRANÇAISE

(Époque Louis XV)

83 — *Vue d'un parc avec pièce d'eau, vases, statues.*

ECOLE FRANÇAISE

84 — *Portrait de femme, costume Louis XV.*

ECOLE FRANÇAISE

85 — *Portrait du comte de Buffon.*

De face, cheveux poudrés, habit noir bordé de galons d'or, jabot et manchettes de dentelle.

ECOLE DE BRUGES

86 — *Sainte Famille.*

La Vierge Marie, assise, a sur les genoux l'Enfant Jésus à qui deux saintes femmes, revêtues de somptueux costumes, offrent des présents.

Charmante composition, d'un coloris blond et harmonieux et d'une précieuse exécution.

Bois. Haut., 39 cent.; larg., 32 cent.

ECOLE FLAMANDE

(XVe siècle)

87 — *Triptyque.*

Le panneau principal représente une *Pieta*, les volets sont couverts d'inscriptions latines.

ECOLE FLAMANDE

(XVIe siècle)

88 — *Élisabeth d'Angleterre, fille de Henri VIII.*

En buste, robe noire brodée de fourrure, collier de pierreries et de perles.

Bois. Haut., 29 cent.; larg., 22 cent.

ECOLE FLAMANDE

(XVIe siècle)

89 — *Portrait d'un noble personnage.*

Représenté debout, grandeur nature, en costume sombre, coiffé d'une toque noire, tenant un livre et des gants; il a la barbe blanche.

ECOLE FLAMANDE

(XVIIe siècle)

90 — *Portrait de femme.*

Initiales G. D. W, date 1624.

ECOLE FLAMANDE

(XVIIe siècle)

91 — *La Vierge et l'Enfant Jésus.*

Ce tableau est fixé dans un cadre du temps, en bois noir décoré de rinceaux et d'ornements en dorure et de six médaillons peints : les Évangélistes, l'Annonciation et la Nativité.

ECOLE FLAMANDE

92 — *Portrait d'homme, en buste.*

Cadre en bois noir.

ECOLE HOLLANDAISE

(XVIIe siècle)

93 — *Le Porte-Drapeau.*

Personnage hollandais, en habit de velours noir, ceint d'une écharpe, le chapeau à la main, le drapeau sur l'épaule.

A gauche, en bas, une signature peu lisible : Vliet? et la date 1669.

ECOLE HOLLANDAISE

94 — *Portrait d'un seigneur.*

Debout, vêtu de soie grise, tenant ses gants, une main appuyée sur un livre posé sur une table. En haut, les armoiries du personnage et la date 1630.

ECOLE HOLLANDAISE

(XVIIe siècle)

95 — *Une Vente à la criée sur une place publique.*

ECOLE HOLLANDAISE

(XVIIe siècle)

96 — *Vases d'orfèvrerie, pâtisserie et fruits.*

Tableau décoratif dans la manière de Heda.

ECOLE HOLLANDAISE

97 — *Deux marines.*

Dans des cadres anciens en bois sculpté et doré.

ECOLE HOLLANDAISE

98 — *Tête de vieillard.*

ECOLE VENITIENNE

(XVIe siècle)

99 — *Portrait d'un chartreux.*

Les cheveux abondants et bouclés, la barbe blonde, vêtu d'une robe brune, il est debout, tenant un compas, occupé à des travaux de menuiserie. Fond de paysage.

ECOLE ITALIENNE

(Fin du XVIe siècle)

100 — *Composition allégorique aux guerres entre la Hollande et l'Espagne.*

Les deux nations sont caractérisées par deux personnages représentés au bord de la mer et entourés de figures personnifiant les principales puissances de l'Europe et de l'Orient.

Henri IV figure la France, etc.

Toile. Haut., 1 m. 17 cent.; larg., 1 m. 70 cent.

ECOLE ITALIENNE

101 — *Portrait d'un prince italien.*

A mi-corps, vêtu de rouge, portant le manteau d'hermine que surmonte une fraise de guipure, il a l'épée au côté. Commencement du XVIIe siècle. Cadre en bois sculpté et doré.

ECOLE ITALIENNE

102 — *L'Insurrection de Naples en 1647, sous le vice-roi, duc d'Arcos.*

Au premier plan, Masaniello. Multitude de figures sur une grande place de la ville.

ECOLE ITALIENNE

103 — *L'Amour et Vénus endormie.*

Grand tableau.

ECOLE ITALIENNE

104 — *Dame lisant.*

105 — Deux petits tableaux : Médaillon peint sur cuivre : *Portrait de femme époque Louis XIII*, et une peinture italienne : *l'Ange Gabriel.*

TABLEAUX MODERNES

CHARLET

106 — *Scène d'intérieur.*

Esquisse.

FORTUNY

107 — *Les Amateurs de musique.*

Vente Fortuny, 1875, n° 119 du catalogue.

Toile. Haut., 25 cent.; larg., 39 cent.

GOYA

(Manière de)

108 — *Fête aux environs de Madrid.*

MILOUET

(Signé)

109 — *Troupeau de bœufs dans la campagne de Rome.*

NAVLET

(1871)

110 — *Étienne Marcel, prévôt des marchands, arrêtant la fureur du peuple.*

NAVLET

111 — *Jésus livré au peuple.*

SCHILT

(1838, P.)

112 — *Fleurs.*

Magnifique bouquet composé de roses, de pivoines, de boules de neige, de tulipes, etc., etc , déposé sur le gazon au bord d'un ruisseau, où viennent boire des perdrix.

Toile. Haut., 1 m. 30 cent.; larg., 98 cent.

TASSAERT (?)

113 — *Amours et Nymphe endormie.*

Esquisse.

TREMBLAY

114 — *Chénier à l'échafaud.*

ECOLE MODERNE

115 — *Deux Vues de villes chinoises.*

Cadre en bois sculpté et doré.

116 — **Divers tableaux non catalogués seront vendus sous ce numéro.**

DESSINS — GRAVURES

117 — **Dyck** (D'après **A. Van**). Portraits. Crayon noir estompé.

118 — **Ecole française**, époque Louis XV. Fête nautique à l'occasion de la naissance du Dauphin.

Beau et important dessin à la plume, rehaussé d'aquarelle, qui nous semble dû à la collaboration de deux artistes ; l'un pour l'architecture très finement traitée, l'autre pour les figures charmantes de mouvement et d'une indication spirituelle, qui rappelle la manière de *G. de Saint-Aubin*. Cadre en bois sculpté et doré. — Haut., 32 cent. ; larg., 47 cent.

119 — **H. Monnier**, 1850. Lecture chez la portière. Aquarelle.

120 — **Bonhommé**. Forges de Fourchambault. Plume et encre de Chine.

121 — **E. B.** (Initiales). Visites du jour de l'an chez mon oncle le portier. Plume et encre de Chine.

122 — **Marlet**. Naissance du duc de Bordeaux. Plume et sépia.

123 — Trois albums, caricature plume et aquarelle, croquis à la mine de plomb et dessins pour costumes de ballet coloriés sur papier calque.

124 — Deux albums de grav. sur bois : Histoire de *M. Cryptogame* et *les Amours de M. Vieux-Bois.*

125 — Trois albums de dessins pour la fabrication des meubles.

126 — Plusieurs volumes de l'*Autographe.*

127 — Fort lot de lithographies de Charlet, costumes et scènes militaires.

128 — Cinquante dessins à la mine de plomb, relatifs au siège de Sébastopol, par R. de Moraine.

129 — Deux recueils de dessins coloriés pour la fabrication des étoffes.

130 — Cartons renfermant de nombreux dessins et croquis de l'école moderne, par H. Monnier, Topfer, Madou, etc. ; dessins anciens des diverses écoles, eaux-fortes de Jacquemart, Potemont ; lithographies, estampes anciennes, qui seront vendus sous ce numéro.

SCULPTURES

Suite de six bustes en marbre blanc, de rois et de reines d'Espagne, représentés en costumes de cour et de grandeur naturelle. Ces sculptures, d'un travail remarquable, datent du XVIe siècle et proviennent d'une vente faite à Madrid en 1868. Elles ont figuré à l'Exposition universelle de 1878 et à celle des Arts décoratifs en 1884.

131 — Philippe II, roi d'Espagne.

132 — Philippe III, roi d'Espagne.

133 — Charles II, roi d'Espagne.

134 — Marguerite d'Autriche, femme de Philippe III.

135 — Marie-Louise d'Orléans, première femme de Charles II.

136 — Anne-Marie d'Autriche, seconde femme de Philippe IV.

137 — MARBRE BLANC. Buste, grandeur nature, de Voltaire, les épaules drapées, avec chemise à jabot, recouverte au cou par une large cravate. Remarquable travail du temps. — Haut., 68 cent.

138 — MARBRE BLANC. Statue d'enfant assis sur un dauphin et soufflant dans une conque. Bon

travail du temps de Louis XV. — Haut., 67 cent.

139 — Marbre blanc. Vase Louis XVI, de forme Médicis, évidé intérieurement et décoré extérieurement de cannelures, de godrons et de feuillages. Le culot est flanqué de deux anses, têtes de bélier. — Haut., 54 cent.

140 — Granit gris. Deux vases hémisphériques à gorges, couvercles et piédouches, non évidés. — Haut., 35 cent.

141 — Pierre sculptée. Petit retable d'ordonnance architecturale offrant au centre le Christ en croix et la Madeleine; sur les côtés, Adam et Ève, la Vierge, saint Jean et deux apôtres. Le fronton, de forme circulaire, soutenu par des anges, représente des chérubins dans plusieurs zones concentriques. Travail français du xvie siècle. — Haut., 75 cent.; larg., 50 cent.

142 — Terre cuite. Bas-relief rectangulaire, en hauteur : Portrait en pied de Lemaistre, premier président du Parlement de Paris, représenté à genoux sur un prie-Dieu. Au bas, les armoiries du personnage et l'inscription suivante, finement gravée sur une plaque de cuivre : « Gilles Lemaistre, seigneur de Ferrières, premier président du Parlement de Paris, depuis 1551 jusqu'au 5 décembre 1562 qu'il est décédé en

son hôtel, rue des Mathurins, âgé de 63 ans, inhumé en l'église des Cordeliers où l'on voit sa statue et celle de Marie Sapin, sa femme, sur un mausolée que la piété filiale a fait élever. Un de leurs descendants voulant en perpétuer la mémoire a fait modeler cette statue en terre cuite, en l'année 1778, par un habile artiste, qui a mis tous ses soins à en conserver la ressemblance et le costume du temps.» Haut., 59 cent.; larg., 41 cent.

143 — Terre cuite. Groupe attribué à Clodion : Femme satyre et deux enfants satyres. Haut., 36 cent.

144 — Terre cuite couleur bronze. Statuette allégorique de femme tenant un livre et étendue sur un lit soutenu par des enfants tritons et par des Néréides. Socle ovale décoré de bas-relief et de cariatides.

145 — Terre cuite. Petit buste de Préville.

146 — Ivoire. Groupe : La Vierge debout, portant l'Enfant Jésus. Travail français du XVIIe siècle. Socle en marbre.

147 — Bois sculpté. Deux hauts-reliefs de forme rectangulaire, représentant l'un le Portement de croix, l'autre le Calvaire. Travail du XVIIe siècle. Ils sont placés dans des cadres Louis XVI

en bois sculpté. — Haut., 22 cent.; larg., 36 cent. Collection de M. le comte de Tramecourt.

148 — Bois sculpté et peint. Sanglier attaqué par trois chiens.

149 — Bas-relief : le Triomphe d'Amphitrite, modelé en cire blanche sur une plaque d'ardoise. XVIIIe siècle.

150 — Deux cadres ovales en bois sculpté.

151 — Cadre en chêne sculpté à feuilles d'eau et rubans, surmonté d'un cartouche chiffré.

152 — Deux socles : piédouche cannelé en marbre blanc orné de perles et de rosaces en bronze et piédestal carré en vert antique.

BRONZES

153 — Bronze : Statuette de Silène endormi, figure en bronze à patine noire sur socle en bois peint imitant le marbre. XVIe siècle.

154 — Buste de Henri IV, costumé à l'antique, bronze du XVIIe siècle, à patine rougeâtre, élevé sur socle en bronze ciselé et doré, à feuilles d'acanthes et canaux.

155-156 — Deux grands vases, forme balustre, en bronze du Japon, décorés d'ornements en creux et en relief.

157 — Brasero en forme de seau, bronze du xve siècle, décoré sur le bord supérieur de deux bustes de femme.

158 — Deux coupes à ombilics en cuivre gravé avec inscription. Travail persan.

159 — Pomme de la rampe de la Casbah, à Alger, cuivre doré.

160 — Figure de pâtre à califourchon sur une chèvre, bronze de style antique, sur plinthe en marbre jaune de Sienne.

161 — Deux pièces : flambeau en bronze et statuette de mendiant en fer.

162 — Deux figurines d'esclaves accroupis, ayant servi de supports.

163 — Statuette de divinité chinoise en bronze, élevée sur socle triangulaire en bois de fer sculpté et découpé à jour.

COSTUMES — COIFFURES — ÉTOFFES, ETC.

164 — Vêtements et objets ayant appartenu à Voltaire et provenant de la succession de M. le marquis de Villette :

1° Couronne de laurier et coussin de soie rouge frangée d'or. Cette couronne est celle qui servit au couronnement du buste de Voltaire, le 30 mars 1778, après la sixième représentation d'*Irène*, à laquelle il assistait dans une loge avec Mme Denis et Mme de Villette (voir l'article de Vacquerie paru dans *le Rappel* du 23 février 1881) ;

2° Un gilet fond crème, broché or;

3° Une robe de chambre de soie verte à grands ramages.

Un acte de Me Warin, notaire, chargé de procéder à la vente des objets de la succession de M. le marquis de Villette, faite en novembre 1865, au château de Villette, près Pont-Sainte-Maxence, certifiant l'authenticité des objets ci-dessous, sera remis à l'acquéreur.

4° Une ceinture de satin crème, imprimée en noir et représentant la translation des cendres de Voltaire au Panthéon;

5° Deux gravures : l'une, par Gaucher, d'après Moreau, représentant la cérémonie du couronnement du buste de Voltaire en 1778; l'autre, par Vachez : Voltaire la tête couronnée de laurier, d'après nature.

165 — Grande seringue en ivoire, provenant de la vente faite après décès de Rossini en 1869. (Voir l'*Illustration*, numéro du 10 avril 1869.)

166 — Très beau costume d'enfant : veste et culotte de velours jaunâtre parsemé de quartefeuilles et

de pois en paillettes métalliques et enrichi de broderies métalliques et de verroteries serties. Ce charmant costume passe pour avoir appartenu à Ferdinand VII, roi d'Espagne et des Indes, né le 13 octobre 1784. Il a figuré à l'Exposition des Arts décoratifs en 1882.

167 — Beau costume Louis XIV, composé de : un habit de velours rouge à broderies d'argent, doublé en satin crème; une culotte de même velours, un gilet moiré en soie blanche lamé argent et garni de broderies d'argent.

168 — Riche costume de cour du temps de Louis XV : habit et culotte de soie verte côtelée et semée de pois violets, relevés de paillettes argentées avec bordures de feuillages et de grappes en broderie d'or et d'argent; plus un gilet de soie crème garni de même broderie. Parfait état de conservation.

169 — Beau costume Louis XVI : habit et culotte en soie noire quadrillée de violet et garnis de riches broderies au passé en soie blanche, enrichies de verroteries de couleurs; plus le gilet en soie brodée sur fond crème.

170 — Beau costume Louis XVI : habit et culotte de soie jaune lamés or et argent et garnis de riches broderies métalliques enrichies de paillons de couleurs avec le gilet en soie blanche. Belle conservation.

171 — Costume Louis XVI : habit et culotte en soie prune, ornés d'une riche broderie de soies multicolores au passé ; plus le gilet brodé à fond blanc d'argent.

172 — Deux fontes de pistolet et une chabraque en velours rouge, décorées de riches broderies d'argent en relief. Travail espagnol du XVIIe siècle.

173 — Costume de l'Ordre du Saint-Esprit composé de : le grand manteau de velours noir avec parements de soie verte brodés d'or, l'habit, le gilet et la culotte en velours et soie verte brodés.

174 — Costume Louis XVI : Habit de velours brun frappé et garni de broderies d'argent, culotte de même velours, gilet en satin crème brodé.

175 — Tableau en tapisserie représentant le Pape Innocent XII.

176 — Coiffure russe de femme, en broderie de perles et de fils métalliques. Époque de la Grande Catherine.

177 — Petit béguin en soie garni de dentelles. Commencement du XVIIIe siècle.

178 — Deux coiffes : l'une en broderie et dentelle d'argent, l'autre à broderies dorées sur étoffe lamée argent.

179 — Bonnet du temps de la Révolution, en drap rouge.

180 — Coiffure de femme de la Frise, en broderie de fils dorés, enrichie de paillettes. XVIIIe siècle.

181 — Deux coiffes de femmes en broderie à reliefs, noires et enrichies d'ornements en perles de jais. XVIe siècle.

182 — Petite toque d'enfant, composée de rosaces et d'ornements en peau blanche, découpés à jour, et brodée de perles fausses. XVIe siècle.

183 — Fragments de l'étendard qui pavoisait le trône de Louis-Philippe. Pris le 24 février 1848.

184 — Écharpes et brassards tricolores de l'époque révolutionnaire.

185 — Costume de cent-gardes de Napoléon III, comprenant : le casque, la cuirasse, la hallebarde, l'épée, le ceinturon, quatre cartouchières, un plastron en drap blanc brodé d'or, un fanion.

186 — Gilet de satin noir décoré de festons de chêne et de laurier, dans lesquels sont inscrites des fleurs de lis en broderie de soie noire.

187 — Onze gilets de soie et de satin brodés des époques Louis XIV, Louis XV et Louis XVI.

188 — Plusieurs habits brodés du XVIIIe siècle.

189 — Gilet Louis XV en piqué blanc.

190 — Corsage et devant de jupe en batiste, entièrement couverts de rosaces finement brodées à jour.

191 — Corsage à manches larges en piqué et broderie blanche sur toile.

192 — Deux tapis orientaux : l'un en tapisserie au petit point; l'autre à feuillages brodés en soies sur étoffe rouge.

193 — Petit châle oriental à raies et palmes en soie brochée.

194 — Trois nappes en toile ornées de broderies de soie.

195 — Jupe de lampas Louis XV, fond crème, avec large bordure de fleurs brochées en couleur.

196 — Casaque de femme en tricot de soie verte parsemé de branches de fleurs brodées blanc et or. Travail vénitien.

197 — Veste persane à très longues manches, ornée de fines broderies.

198 — Très grand coussin oriental en soie verte à festons de feuilles brochés or.

199 — Écharpes orientales et diverses coupes d'étoffes.

200 — Corset Louis XV en soie orangée, orné de broderies d'argent.

201 — Bretelles porte-jupes. Époque Louis XV.

202 — Bandes juxtaposées de tapisserie au point à fleurettes, oiseaux et animaux. XVIe siècle.

203 — Mitre d'évêque ornée de broderies d'or en relief.

204 — Deux paires de bas de soie noire à broderies ajourées ; une paire de chaussons en tricot.

205 — Franges, galons, pièces de costumes dépareillées.

206 — Trois pièces : ancienne canne-parapluie formée d'un tube de cuivre plaqué de palissandre, et deux parasols.

ARMES — INSTRUMENTS DE MUSIQUE

207 — Fusil à pierre du commencement du XVIIIe siècle, dont la crosse en bois sculpté, représentant des chiens et des sangliers, se divise en deux parties ; l'une se transforme en garde d'épée.

208 — Mousquet à pierre : canon gravé et doré, fût en bois incrusté de plaquettes d'os gravé ; figures de guerriers et fleurons. Travail hollandais du XVIIe siècle.

209 — Pistolet albanais à monture revêtue de chagrin et frettée d'argent niellé; pommeau en ivoire.

210 — Casque et brassard persans, fontes de pistolets, lame de sabre, etc.

211 — Deux sabres turcs à lames courbes damasquinées d'or, poignées en corne, fourreaux en argent doré.

212 — Sabre indien en fer à ornements dorés.

213 — Deux sabres turcs à poignées de corne, l'un avec garniture de fer, l'autre de cuivre.

214 — Deux pièces : sabre indien et kathar à fourreaux de velours.

215 — Trois criss.

216 — Couteau et fourchette à manches de corne garnis d'ornements d'argent, avec gaine en ivoire sculpté à figure d'Orphée et ornements en relief. Époque Louis XIII.

217 — Couteau de chasse à lame repercée à jour, gravée et dorée, quillons en cuivre doré, poignée en ivoire sculpté à blason fleurdelisé, dauphins et têtes d'aigles.

218 — Sabre du temps de la Révolution, poignée et garniture de fourreau en cuivre doré.

219 — Vielle du XVIIe siècle à caisse côtelée en bois noir et à cheviller sculpté se terminant en tête de femme.

220 — Violon ancien.

221 — Melophone à caisse en racine de citronnier, de chez Pellerin, quai Bourbon, à Paris.

OBJETS DE VITRINE — CURIOSITÉS DIVERSES

222 — Tabatière rectangulaire en écaille, ornée sur le couvercle d'une miniature : Combat de cavaliers aux abords d'une ville fortifiée, attribuée à Lioux de Savignac.

223 — Boîte ronde en écaille brune offrant, sur le couvercle, une pièce d'horlogerie à cadran d'émail blanc marquant les heures, les minutes, les quantièmes, etc. XVIIIe siècle.

224 — Boîte rectangulaire composée de six plaquettes de brèche rouge dans une monture à cage en argent.

225 — Boîte cordiforme en jaspe rouge avec monture Louis XV en argent.

226 — Petite coupe oblongue en aventurine, de Murano.

227 — Gouache de l'époque Louis XIV, représentant la toilette de Diane.

228 — Miniature ronde sur ivoire : Portrait de Louis XVI.

229 — Autre, de même forme : Portrait de Louis XVIII.

230 — Autre : Portrait de Marie-Antoinette drapée dans le manteau royal.

231 — Autre : Portrait de femme en robe blanche avec châle rouge. Époque du premier Empire.

232 — Petite gouache, de forme ronde, représentant un parc animé d'une multitude de figurines en costume Louis XV.

233 — Gouache de l'école italienne représentant la Sainte Famille aux anges. XVIIe siècle. Cadre de bois noir.

234 — Gouache de l'école italienne : Jésus bercé par les anges. Cadre en cuivre.

235 — Gouache du XVIe siècle : la Vierge, l'Enfant et le petit saint Jean.

236 — Gouache : le Roi d'Espagne Charles IV et le général Suchet, duc d'Albuféra, à la chasse aux canards sauvages.

237 — **Gouache indienne avec rehauts d'or : les Femmes du harem au bain.**

238 — Miniature ronde, peinte à l'huile : Portrait d'homme en buste de la fin du XVIe siècle.

239 — Plusieurs miniatures, petites peintures et dessins, dont un portrait de Jean Calvin.

240 — Triptyque à double face, composé de huit peintures à sujets tirés du Nouveau Testament. Ancien travail russe.

241 — BUIS SCULPTÉ. Statuette équestre de jockey avec garniture en argent. Travail très soigné.

242 — Petit modèle de fusil à pierre, garni en or. Il provient de la vente de la galerie de Mme la duchesse de Berry, faite en mai 1865, et passe pour avoir été offert au comte de Chambord à l'occasion de sa première communion.

243 — Coupe ovale en agate rubanée avec monture moderne en bronze.

244 — Flacon-tabatière en forme de gourde, à ornements en relief, en verre grenat. Travail chinois.

245 — Petite coupe d'agate orientale, cerclée d'argent, élevée sur socle triangulaire surmonté de dauphins en bronze doré.

246 — Coupe couverte formée de coquillages réunis par une monture en argent.

247 — Couteau et fourchette à manches d'agate dans une gaine en cuir noir gaufré. XVIIe siècle.

248 — Bijou pendeloque du XVIe siècle en or émaillé, ayant la forme d'un hippocampe.

249 à 254 — Six montres des époques Louis XV et Louis XVI en or émaillé, dont plusieurs enrichies de jargons et de demi-perles.

255 — Croix enrichie de roses et montée or et argent.

256 — Broche et pendants d'oreilles argent repercé à jour, enrichies de roses.

257 — Deux médaillons ovales ornés de strass.

258 — IVOIRE. Petit volet de diptyque du XVe siècle, représentant le sujet de la Nativité, placé sous une arcature gothique tréflée.

259 — CAMÉE DUR. Fragment de camée antique à plusieurs couches où se voient un masque tragique et les jambes d'un personnage assis.

260 — Plusieurs lots de camées, intailles et pâtes de verre.

261 — Plusieurs lots : cylindres orientaux de matière dure incrustée d'or et d'argent, bracelets en corail, figurines en bronze, cachets, etc.

262 — Ostensoir en argent doré, garni de strass de couleurs.

263 — Éventail Louis XV, à monture d'ivoire décorée en couleurs avec incrustations de nacre et rehauts en dorure ; feuille peinte à figures mythologiques ; plus une feuille peinte à la gouache, du XVIIe siècle.

264 — Divers objets de vitrine, figurines en bois, en terre cuite, en bronze, pilon en ivoire, petit miroir, etc., etc., sous ce numéro.

265 — GRANDE PIERRE DE TOUCHE, de forme ovoïde allongée.

266 — Boules chinoises concentriques, sculptées et repercées à jour.

267 — Médaillon en plomb : Portrait équestre de « LOU. PHIL., duc D'ORLÉANS, VALOIS, CHARTRES, NEMOURS et MONTPENSIER, Cte de Soissons et de Vermandois, P^ce de JOINVILLE, Pair d'Avesnes. *M. D. CC. L. XXXII.* Signé LORTHIOR. »

268 — Médaillon, buste, de profil, d'un prince de l'époque Louis XV en bronze ciselé et doré, appliqué sur plaque de marbre, bordée de moulures.

269 — Deux médaillons en écaille dorée : François Ier et Charles-Quint.

270 — Trois médaillons en bas-relief : deux en

plomb, représentant la prise de la Bastille, le troisième en cuivre, représentant le 6 octobre 1789.

271 — Plusieurs cadrans d'horloge, cadres de miniatures, clefs, ornements et débris.

272 — Coupe hémisphérique en émail vénitien du XVIe siècle, ornée de godrons en relief à fond blanc, se détachant sur un fond bleu relevé de dorure. Monture en cuivre.

273 — Plaque rectangulaire en émail de Limoges du XVIe siècle : le Christ mort, la Vierge, la Madeleine et Saint Jean.

274 — Garniture de coffret, composé de plaques en fer gravé à riche décor d'entrelacs dans le goût oriental, d'écoinçons et d'ornements de même travail. Venise, XVIe siècle.

275 — Paire de flambeaux en argent, à décor de rocailles et de rinceaux en relief. Époque Louis XV.

276 — Paire de grands flambeaux du temps de Louis XVI, en cuivre argenté, modèle à canaux et godrons.

277 — Vase antique en plomb, offrant au pourtour des figures de guerriers combattant.

278 — Deux sceaux espagnols en plomb.

279 — Divers objets antiques : Divinités égyptiennes en bronze, marmite en cuivre, lampe funéraire en terre cuite, etc.

280 — Trois pièces : fragment de coffret vénitien en os sculpté, bas-relief en albâtre et tableau en cuir gaufré.

281 — Coffret à couvercle bombé, en cuir gaufré et doré. Fin du XVIe siècle.

282 — Miroir dans un cadre chantourné en filigrane d'argent, à décor de branchages et de chimères dans le goût chinois, en relief sur réseau ajouré.

283 — Grand peigne espagnol en écaille sculptée et ajourée.

284 — Ancien petit moulin à poivre en cuivre, élevé sur une rotonde à colonnettes en bois sculpté.

285 — Armorial de la noble maison des Haro d'Espagne, peint en couleurs avec rehauts d'or sur une très grande feuille de parchemin. Dans le haut, sont représentés des personnages du Moyen-Age ; en bas, des vues de ville.

286 — Un volume grand in-8° : Les Prophètes, texte latin, imprimé en 1571 avec reliure du temps, en parchemin gaufré, enrichie d'écoinçons et de fermoirs en cuivre, et offrant sur le plat

un bas-relief en ivoire sculpté du xve siècle : la Vierge et un apôtre, figures placées sous des arcades gothiques.

287 — Livre de psaumes, manuscrit sur parchemin en caractères gothiques ; majuscules et couleurs avec rehauts d'or.

288 — Un volume petit in-folio. Troisième et quatrième livre d'architecture de Sébastien Serlio Bolonais, traduit par Francisco de Villalpando, architecte. Texte espagnol avec pl. grav. Tolède, 1552.

289 — Un volume in-folio sur la navigation. Texte italien avec pl. grav. Florence, 1647.

290 — Un volume in-folio, manuscrit avec grand nombre de figures et compositions satiriques à l'aquarelle sur l'Empereur d'Allemagne Charles IV.

FAIENCES — PORCELAINES

291 — Grand et beau plat ovale en faïence de Bernard Palissy, modèle à reptiles, serpent, grenouille, écrevisse, poissons et coquillages en relief, émaillés en couleurs sur fond rocailleux jaspé de bleu et de violet. Le revers est jaspé. — Grand diamètre, 57 cent. ; petit diamètre, 43 cent.

292 — Aiguière de forme élégante, à décor de figures allégoriques de chimères et d'arabesques en relief rehaussées d'émaux de couleurs, d'après F. Briot. — Haut., 28 cent.

293 — Pot à eau et sa cuvette ovale à bords lobés, en faïence de Niderviller à décor polychrome de figures en costume Louis XV dans des paysages.

294 — Vase à piédouche et à anses têtes de dauphins en porcelaine dure, émaillée blanc et décorée de festons de feuillages en dorure.

295 — Jardinière en porcelaine blanche de vieux Sèvres, pâte tendre à feuillages et pieds contournés.

296 — Théière de forme chinoise en faïence marbrée.

297 — Deux boîtes à thé, en vieux Chine, l'une cylindrique à décor de fleurs et bordure mosaïque en émaux de couleurs; l'autre à branchages en bleu sur blanc.

298 — Dix assiettes plates et quinze creuses à bords gaufrés, décorées de branches de fleurs en bleu.

299 — Deux cache-pots en porcelaine cloisonnée du Japon à décor de fleurs et de papillons en couleur sur fond bleu turquoise.

300 — Deux figurines ; la Poésie et la Sculpture, en porcelaine de Dihl, couleur bronze sur socles dorés.

301 — Petit modèle de fontaine simulant un monument en ruines, en faïence relevée d'émaux polychromes.

MEUBLES

302 — Commode droite du temps de Louis XVI en bois rose, garnie d'entrées, d'anneaux de tirage et de moulures à perles et feuilles d'eau en cuivre ciselé et doré. Dessus en marbre blanc.

303 — Commode droite du temps de Louis XVI à angles coupés, bois rose et palissandre, garnie de cuivres dorés. Dessus en marbre brèche d'Alep.

304 — Petite vitrine en hauteur à cage en cuivre doré, supportée par un pied-guéridon en bois doré.

305 — Grande table de style Renaissance en bois sculpté, sur supports à cariatides et cartouches, reliés par une traverse ornée de rinceaux et de mascarons.

306-307 — Quatre étagères en noyer sculpté, de style Renaissance.

308 — Étagère-applique en palissandre garnie d'ornements en os tourné.

309 — Grande jardinière de forme rectangulaire supportée par six pieds carrés et reliés par des croisillons, en marqueterie de bois figurant des fleurs de lis, des attributs champêtres, des rosaces, etc. Époque de la Restauration.

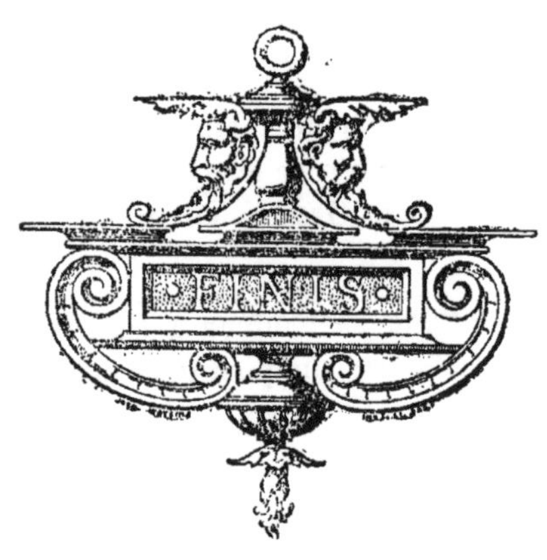

www.ingramcontent.com/pod-product-compliance
Ingram Content Group UK Ltd.
Pitfield, Milton Keynes, MK11 3LW, UK
UKHW021644260726
13994UKWH00003B/1271

9 782329 50253